Impressum
Verlag: BABADADA GmbH, Nedderfeld 112 , 22529 Hamburg
Geschäftsführer / Verlagsleitung: Harald Hof
Druck: Books on Demand GmbH, In de Tarpen 42, 22848 Norderstedt

Imprint
Publisher: BABADADA GmbH, Nedderfeld 112 , 22529 Hamburg, Germany
Managing Director / Publishing direction: Harald Hof
Print: Books on Demand GmbH, In de Tarpen 42, 22848 Norderstedt

בית ספר

escola

כיתה
sala de aulas
חילק
dividir
186/2
לוח
quadro
pátio da escola
מורה
professor
נייר
papel
כתב
escrever
עט
caneta
שולחן עבודה
secretária
סרגל
régua
ספר
livro
תלמיד
aluno

ילקוט

mochila

קלמר

estojo de lápis

עיפרון

lápis

מחדד

afia-lápis

גומי מחיקה

borracha

חוברת סרטוט

bloco de desenho

סרטוט

desenho

מברשת

pincel

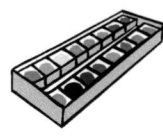

קופסת צבעים

caixa de tintas

מספריים

tesoura

דבק

cola

ספר תרגול

livro de exercícios

שיעור בית

trabalhos de casa

מספר

número

חיבר

somar

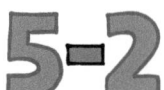

חיסר

subtrair

הכפיל

multiplicar

חישב

calcular

אות

letra

אלפבית

alfabeto

מילה

palavra

טקסט

texto

קרא

ler

גיר

giz

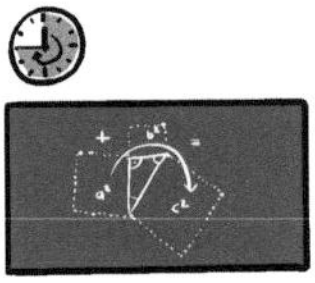

שיעור

hora

יומן נוכחות

registo de presenças

מבחן

exame

תעודה

certificado

תלבושת בית ספר

uniforme escolar

חינוך

educação

אנציקלופדיה

enciclopédia

אוניברסיטה

universidade

מיקרוסקופ

microscópio

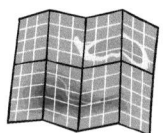

מפה

mapa

סל נייר

cesto de lixo

נסיעה
viagem

מלון
hotel
הוסטל
hostel
המרת מטבע
casa de câmbio
מזוודה
mala
אוטו
carro

שפה

idioma

כן / לא

sim / não

בסדר

ok / certo / correto

שלום

olá

מתרגם

intérprete

תודה

obrigado

כמה עולה.....?

quanto é que custa... ?

אני לא מבין

não entendo

בעיה

problema

ערב טוב!

boa noite!

בוקר טוב!

Bom dia!

לילה טוב!

Boa noite!

להתראות

adeus

כיוון

direção

כבודה

bagagem

תיק

saco

תרמיל גב

mochila

אורח

convidado

חדר

quarto

שק שינה

saco-cama

אוהל

tenda

מרכז מידע לתיירים

informação turística

חוף ים

praia

כרטיס אשראי

cartão de crédito

ארוחת בוקר

pequeno-almoço

ארוחת צהריים

almoço

ארוחת ערב

jantar

כרטיס

bilhete

מעלית

elevador

בול

selo postal

גבול

fronteira

מכס

alfândega

שגרירות

embaixada

אשרה

visto

דרכון

passaporte

תחבורה
transporte

מטוס
avião
אונייה
navio
כבאית
carro de bombeiros
אוטובוס
autocarro
משאית
camião
סירת מנוע
barco a motor
אופניים
bicicleta
אוטו
carro

מעבורת
cacilheiro

סירה
barco

אופנוע
mota

ניידת משטרה
carro de polícia

מכונית מרוץ
carro de corrida

רכב שכור
carro alugado

מכוניות בשיתוף

carsharing

אוטו גרר

camião de reboque

משאית זבל

camião do lixo

מנוע

motor

דלק

combustível

תחנת דלק

estação de serviço

תמרור

sinal de trânsito

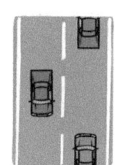

תנועה

trânsito

פקק תנועה

congestionamento de
trânsito

חניה

parque de estacionamento

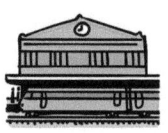

תחנת רכבת

estação ferroviária

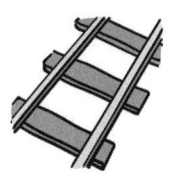

פסי רכבת

carris

רכבת

comboio

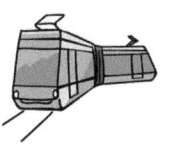

רכבת קלה

elétrico

קרון

carruagem

מסוק

helicóptero

שדה-תעופה

aeroporto

מגדל

torre

נוסע

passageiro

קונטיינר

contentor

קרטון

caixa de papelão

עגלה

carrinho

סל

cesto

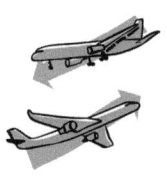

המראה / נחיתה

levantar voo / aterrar

עיר

cidade

כפר

aldeia

מרכז העיר

centro da cidade

בית

casa

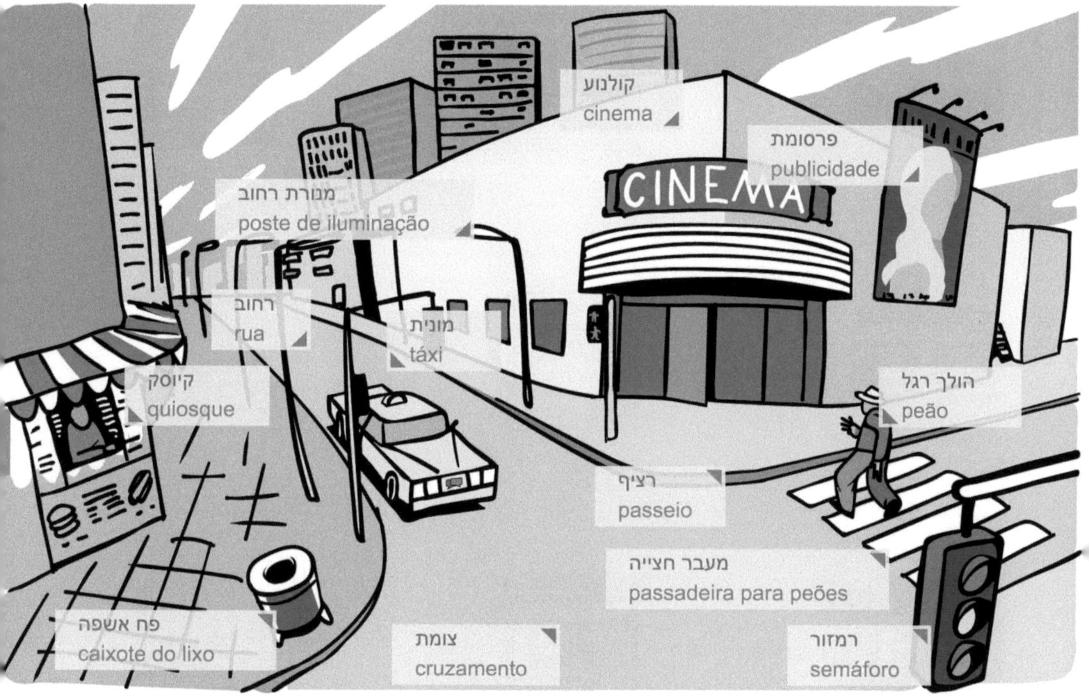

קולנוע
cinema

פרסומת
publicidade

מנורת רחוב
poste de iluminação

רחוב
rua

מונית
táxi

קיוסק
quiosque

הולך רגל
peão

רציף
passeio

מעבר חצייה
passadeira para peões

פח אשפה
caixote do lixo

צומת
cruzamento

רמזור
semáforo

CINEMA

בקתה
cabana

דירה
apartamento

תחנת רכבת
estação ferroviária

עירייה
câmara municipal

מוזיאון
museu

בית ספר
escola

אוניברסיטה

universidade

בנק

banco

בית חולים

hospital

מלון

hotel

בית מרקחת

farmácia

משרד

escritório

חנות ספרים

livraria

חנות

loja

חנות פרחים

florista

סופרמרקט

supermercado

שוק

mercado

כל-בו

loja de departamentos

מוכר דגים

peixaria

קניון

centro comercial

נמל

porto

פארק

parque

ספסל

banco

גשר

ponte

מדרגות

escadas

רכבת תחתית

metro

מנהרה

túnel

תחנת אוטובוס

paragem de autocarro

בר

bar

מסעדה

restaurante

תא דואר

caixa de correio

שלט רחוב

sinal de trânsito

מדחן

parquímetro

גן חיות

jardim zoológico

בריכת שחיה

piscina

מסגד

mesquita

חווה
quinta

זיהום
poluição

בית עלמין
cemitério

כנסייה
igreja

מגרש משחקים
parque infantil

בית מקדש
templo

נוף
paisagem

עלה
folha

תמרור
placa de sinalização

דרך
caminho

מרעה
prado

אבן
pedra

עץ
árvore

מטייל
caminhantes

נהר
rio

דשא
relva

פרח
flor

בקעה
vale

הר
montanha

אגם
lago

יער
floresta

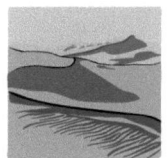

מדבר
deserto

הר געש
vulcão

טירה
castelo

קשת בענן
arco-íris

פטריה
cogumelo

דקל
palma

יתוש
mosquito

זבוב
mosca

נמלה
formiga

דבורה
abelha

עכביש
aranha

חיפושית

besouro

צפרדע

sapo

סנאי

esquilo

קיפוד

ouriço

ארנב

lebre

ינשוף

coruja

ציפור

pássaro

ברבור

cisne

חזיר בר

javali

צבי

veado

אייל הקורא

alce

סכר

barragem

טורבינת רוח

turbina eólica

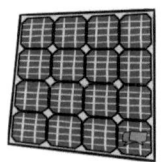

פנל סולארי

painel solar

אקלים

clima

16   נוף - paisagem

מסעדה
restaurante

מלצר
empregado de mesa
תפריט
menu
כסא
cadeira
מרק
sopa
פיצה
pizza
סכו"ם
talheres
מפת שולחן
toalha de mesa

מנת פתיחה

entrada

מנה עיקרית

prato principal

קינוח

sobremesa

שתיות

bebidas

אוכל

comida

בקבוק

garrafa

מזון מהיר

fast food

אוכל רחוב

comida de rua

קנקן תה

bule de chá

מסכרת

açucareiro

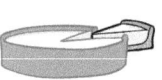

מנה

porção

מכונת אספרסו

máquina de café expresso

כסא תינוק

cadeira alta

חשבון

conta

מגש

bandeja

סכין

faca

מזלג

garfo

כף

colher

כפית

colher de chá

מפית

guardanapo

כוס

copo

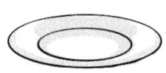

צלחת

prato

קערת מרק

prato de sopa

תחתית

pires

רוטב

molho

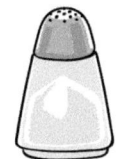

מלחייה

saleiro

מטחנת פלפל

moinho de pimenta

חומץ

vinagre

שמן

óleo

תבלינים

especiarias

קטשופ

ketchup

חרדל

mostarda

מיונז

maionese

סופרמרקט
supermercado

מבצע
oferta especial
לקוח
cliente
מוצרי חלב
laticínios
פירות
fruta
עגלת קניות
carrinho de compras

אטליז

talho

מאפייה

padaria

שקל

pesar

ירקות

vegetais

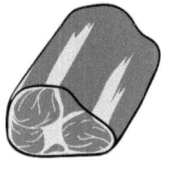

בשר

carne

מזון קפוא

alimentos congelados

בשר קר

charcutaria

שימורים

comida enlatada

אבקת כביסה

detergente em pó

ממתקים

doces

מוצרי בית

artigos domésticos

חומר ניקוי

produtos de limpeza

מוכרת

vendedora

קופה

caixa

קופאי

caixa

רשימת קניות

lista de compras

שעות פתיחה

horário de funcionamento

ארנק

carteira

כרטיס אשראי

cartão de crédito

תיק

saco

שקית נילון

saco de plástico

שתיות
bebidas

מים

água

מיץ

sumo

חלב

leite

קולה

coca-cola

יין

vinho

בירה

cerveja

אלכוהול

álcool

קקאו

cacau

תה

chá

קפה

café

אספרסו

café expresso

קפוצ'ינו

capuccino

אוכל
comida

בננה

banana

תפוח

maçã

תפוז

laranja

אבטיח

melão

לימון

limão

גזר

cenoura

שום

alho

במבוק

bambu

בצל

cebola

פטריות

cogumelo

אגוזים

nozes

אטריות

talharim

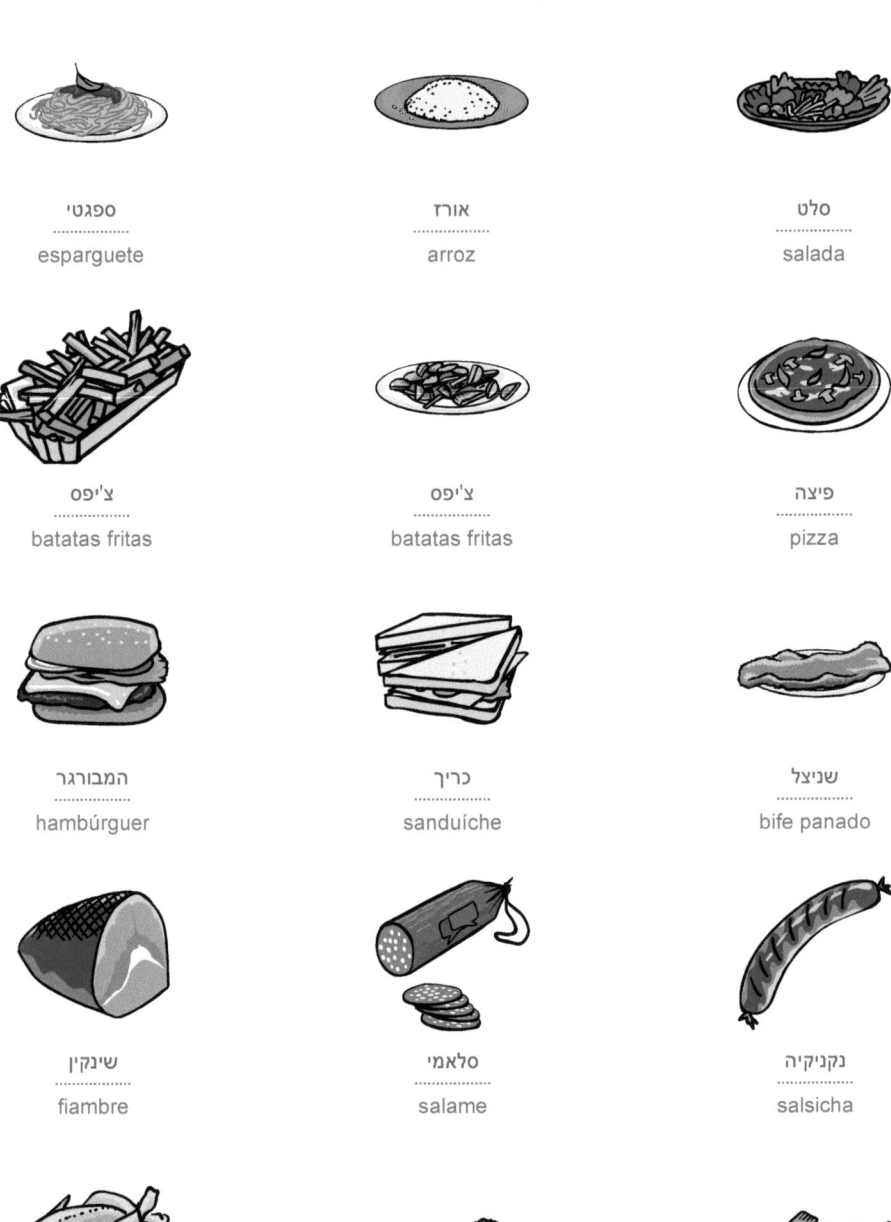

ספגטי	אורז	סלט
esparguete	arroz	salada

צ'יפס	צ'יפס	פיצה
batatas fritas	batatas fritas	pizza

המבורגר	כריך	שניצל
hambúrguer	sanduíche	bife panado

שינקין	סלאמי	נקניקיה
fiambre	salame	salsicha

עוף	טיגון	דג
galinha	assado	peixe

שיבולת שועל

flocos de aveia

מוזלי

muesli

קורנפלקס

flocos de milho

קמח

farinha

קרואסון

croissant

לחמנייה

carcaça (pãozinho)

לחם

pão

טוסט

torrada

עוגיות

biscoitos

חמאה

manteiga

גבינה לבנה

requeijão

עוגה

bolo

ביצה

ovo

ביצת עין

ovo estrelado

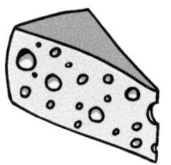

גבינה

queijo

גלידה
gelado

סוכר
açúcar

דבש
mel

ריבה
compota

ממרח נוגט
creme de nougat

קארי
caril

חווה
quinta

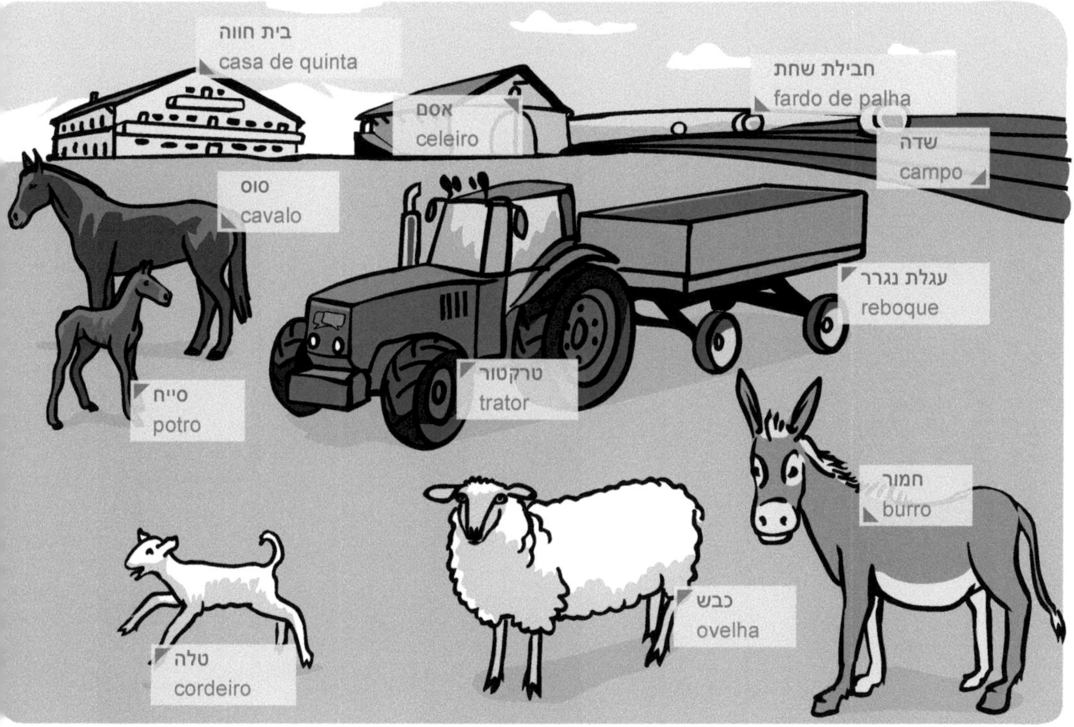

בית חווה
casa de quinta
חבילת שחת
fardo de palha
אסם
celeiro
שדה
campo
סוס
cavalo
עגלת נגרר
reboque
סייח
potro
טרקטור
trator
חמור
burro
כבש
ovelha
טלה
cordeiro

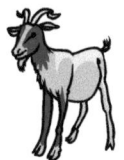

עז
cabra

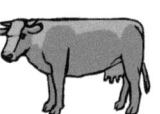

פרה
vaca

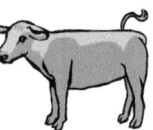

עגל
bezerro

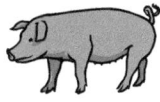

חזיר
porco

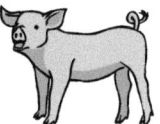

חזרזיר
leitão

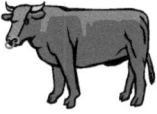

שור
touro

אווז

ganso

ברווז

pato

אפרוח

pintaínho

תרנגולת

galinha

תרנגול

galo

חולדה

ratazana

חתול

gato

עכבר

rato

שור

boi

כלב

cão

מלונה

casota

צינור השקיה

mangueira de jardim

קנקן מים

regador

חרמש

foice

מחרשה

arado

מגל

foice

מגרפה

enxada

קלשון

forquilha

גרזן

machado

מריצה

carrinho de mão

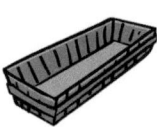

שוקת

manjedoura

כד חלב

jarro de leite

שק

saco

גדר

cerca

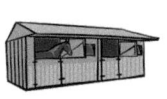

אורווה

estábulo

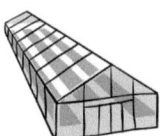

חממה

estufa

אדמה

solo

זרע

semente

דשן

fertilizante

מקצרה

ceifeira-debulhadora

קצר

colher

קציר

colheita

בטטה אפריקנית

inhame

חיטה

trigo

סויה

soja

תפוח אדמה

batata

תירס

milho

קנולה

colza

עץ פירות

árvore de fruto

קסבה

mandioca

דגנים

cereais

בית

casa

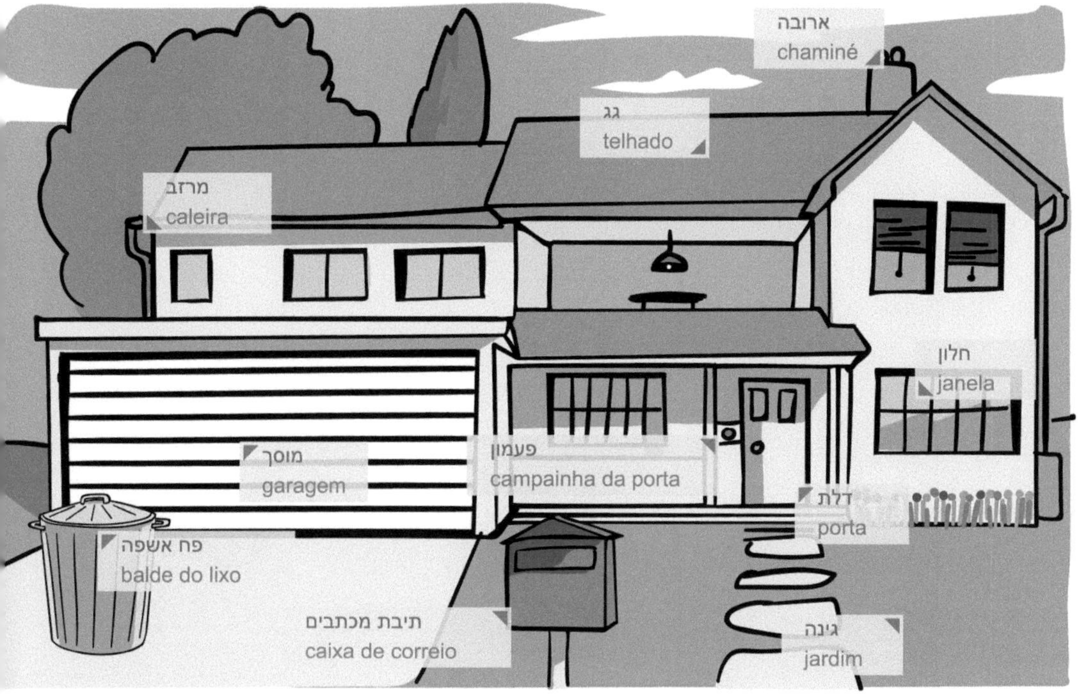

ארובה
chaminé
גג
telhado
מרזב
caleira
חלון
janela
מוסך
garagem
פעמון
campainha da porta
דלת
porta
פח אשפה
balde do lixo
תיבת מכתבים
caixa de correio
גינה
jardim

מטבח

cozinha

חדר אמבטיה

casa de banho

סלון

sala de estar

חדר אוכל

sala de jantar

חדר ילדים

quarto de criança

חדר שינה

quarto de dormir

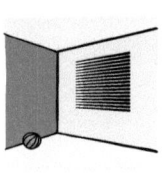

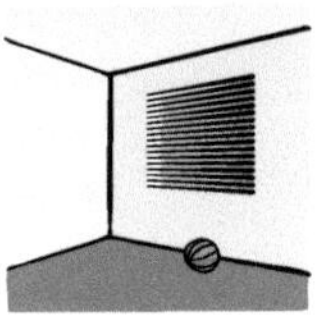

רצפה
chão

קיר
parede

תקרה
teto

מרתף
cave

סאונה
sauna

מרפסת
varanda

מרפסת
terraço

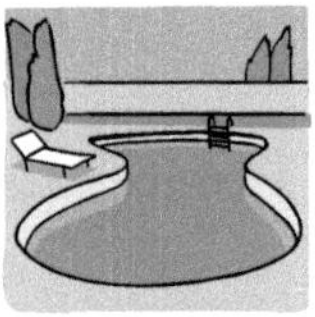

בריכה
piscina

מכסחת דשא
máquina de cortar relvado

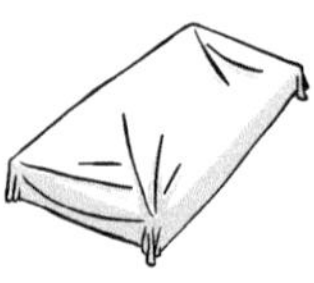

סדין
lençol

כיסוי מיטה
cobertor

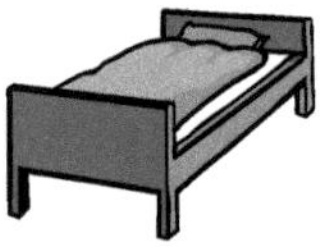

מיטה
cama

מטאטא
vassoura

דלי
balde

מפסק
interruptor

סלון
sala de estar

תמונה
imagem
מנורה
lâmpada
מדף
prateleira
ארון
armário
טלוויזיה
televisão
אח
lareira
פרח
flor
כרית
almofada
ספה
sofá
אגרטל
vaso
שלט רחוק
controlo remoto

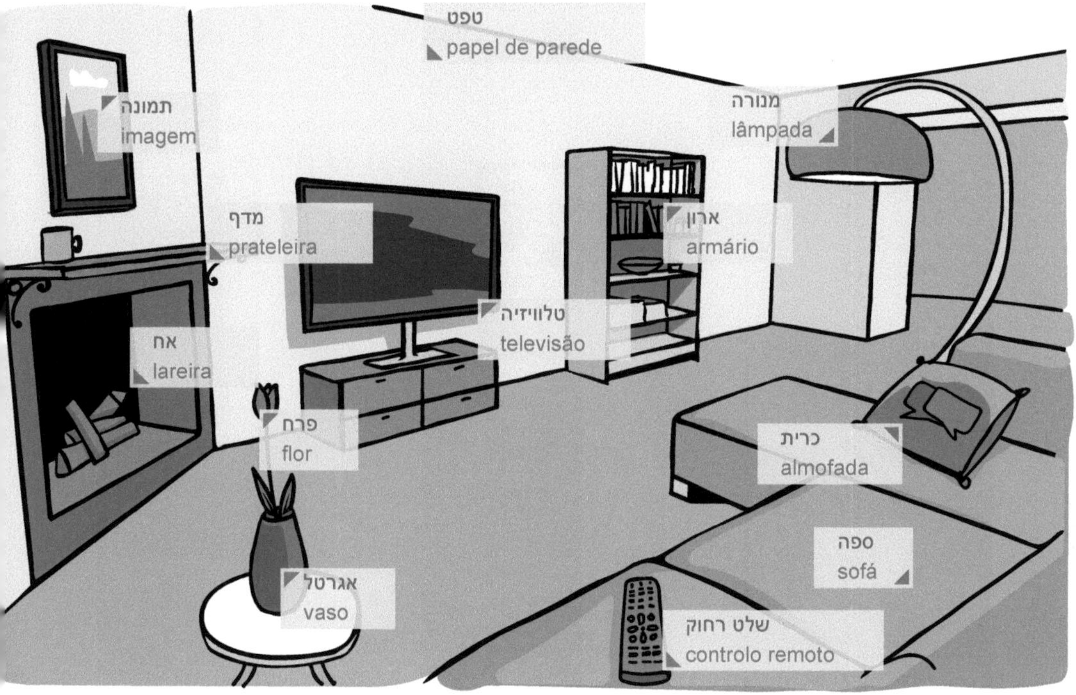

שטיח

tapete

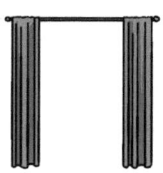

וילון

cortina

שולחן

mesa

כסא

cadeira

כיסא נדנדה

cadeira de baloiço

כורסה

poltrona

ספר

livro

שמיכה

cobertor

דקורציה

decoração

עצי הסקה

lenha

סרט

filme

מערכת סטריאו

sistema estéreo

מפתח

chave

עיתון

jornal

ציור

pintura

פוסטר

póster

רדיו

rádio

מחברת

bloco de notas

שואב אבק

aspirador

קקטוס

cato

נר

vela

מטבח
cozinha

מקרר
frigorífico
מיקרוגל
microondas
balança de cozinha
טוסטר
torradeira
חומר ניקוי
detergente
תנור
forno
מקפיא
congelador
פח אשפה
balde do lixo
מדיח כלים
máquina de lavar louça

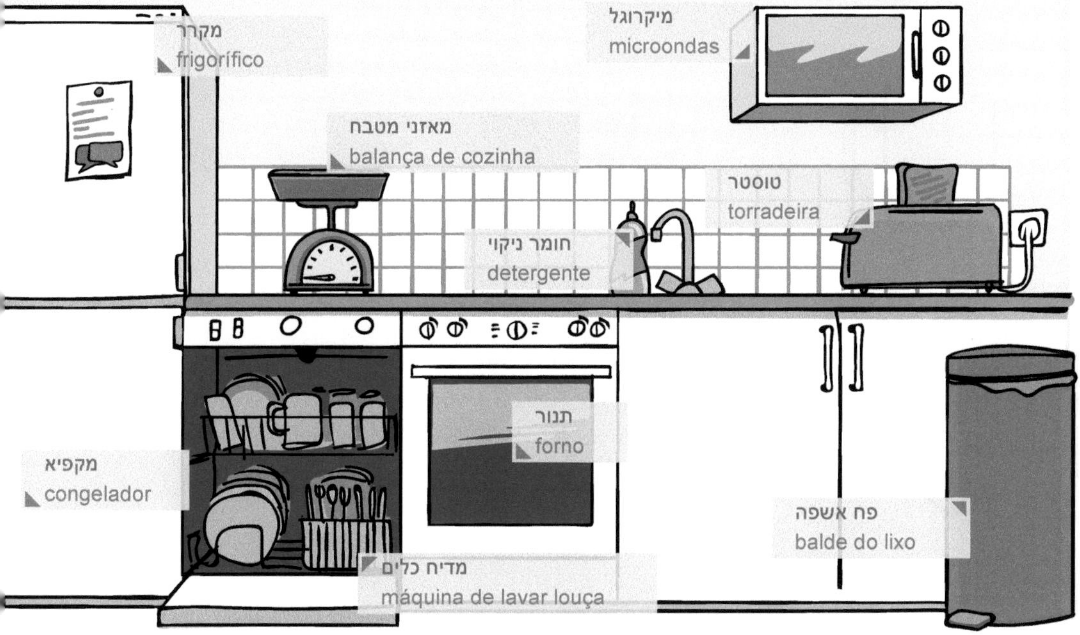

תנור
fogão

סיר
panela

סיר ברזל
panela de ferro

ווק
wok / kadai

מחבת
frigideira

קומקום חשמלי
chaleira

מאדה

panela a vapor

מגש אפייה

tabuleiro de forno

כלי אוכל

louça

ספל

caneca

קערה

tigela

צ׳ופסטיקס

pauzinhos

מצקת

concha de sopa

מרית

espátula

מטרפה

batedor de claras

מסננת בישול

escorredor

מסננת

peneira

מגרדת

ralador

מכתש

almofariz

גריל

churrasqueira

מדורה

lareira

קרש חיתוך

tábua de cortar

מערוך

rolo da massa

פותחן פקקים

saca-rolhas

פחית

lata

פותחן קופסאות

abridor de latas

מטלית

luvas de forno

כיור

lava-loiça

מברשת

escova

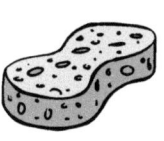

ספוג

esponja

בלנדר

liquidificador

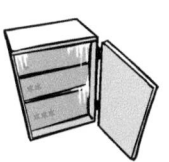

מקפיא

arca frigorífica

בקבוק לתינוק

biberão

ברז

torneira

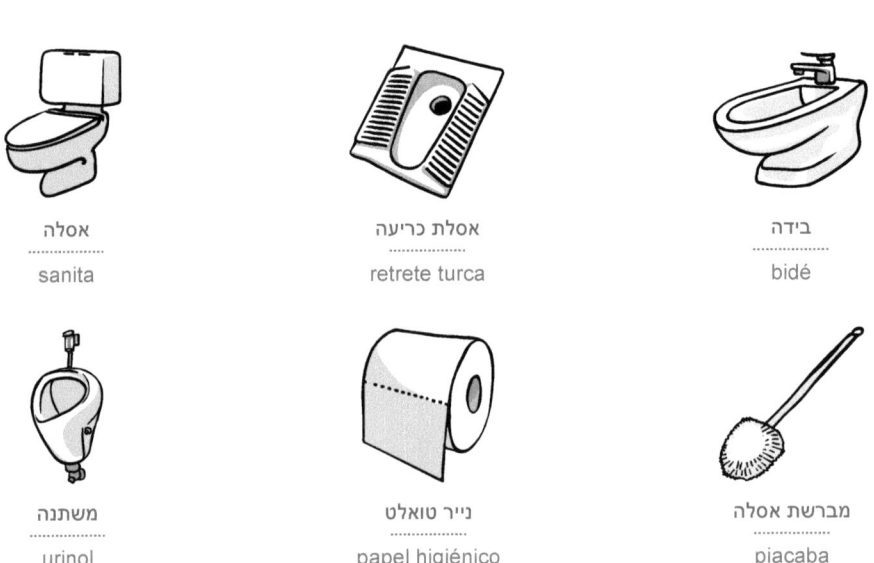

חדר אמבטיה

casa de banho

מקלחת
chuveiro
חימום
aquecimento
מגבת
toalha
וילון מקלחת
cortina de chuveiro
אמבטיית קצף
banho de espuma
אמבטיה
banheira
כוס
copo
מכונת כביסה
máquina de lavar roupa
ברז
torneira
אריחים
azulejos
סיר לילה
penico
כיור
lava-loiça

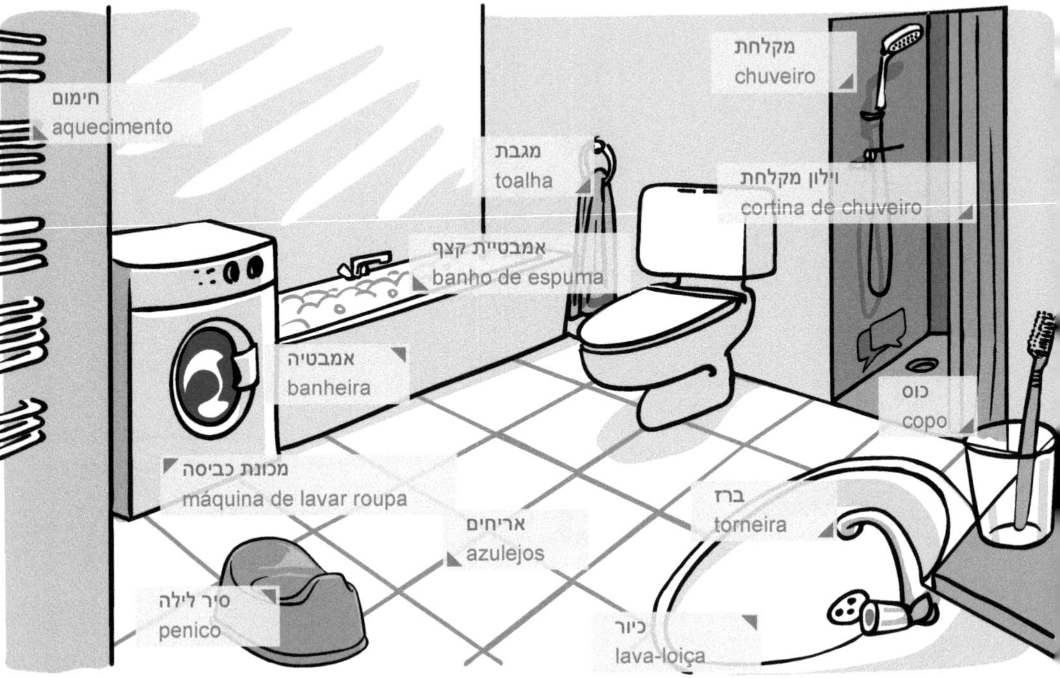

אסלה

sanita

אסלת כריעה

retrete turca

בידה

bidé

משתנה

urinol

נייר טואלט

papel higiénico

מברשת אסלה

piaçaba

מברשת שיניים

escova de dentes

משחת שיניים

pasta de dentes

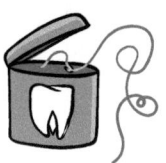

חוט דנטלי

fio dentário

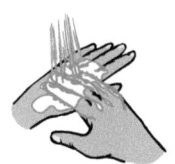

שטף

lavar

מקלחת יד

chuveiro de mão

צינור שטיפה לשירותים

duche íntimo

קערת רחצה

bacia

מברשת גב

escova para as costas

סבון

sabonete

ג'ל רחצה

gel de banho

שמפו

champô

ליפה

toalha de rosto

ניקוז

escoamento

קרם

creme

דיאודורנט

desodorizante

מראה

espelho

מראת יד

espelho de mão

סכין גילוח

máquina de barbear

קצף גילוח

creme de barbear

אפטרשייב

loção pós-barba

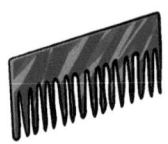

מסרק

pente

מברשת

escova

מייבש שיער

secador de cabelo

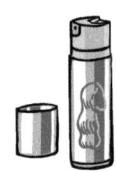

ספריי לשיער

spray de cabelo

איפור

maquilhagem

שפתון

batom

לק

verniz de unhas

צמר גפן

algodão

מספריים לציפורניים

tesoura para unhas

בושם

perfume

תיק כלי רחצה

nécessaire

שרפרף

tamborete

משקל

balança

חלוק רחצה

roupão de banho

כפפות גומי

luvas de borracha

טמפון

tampão

תחבושת סניטרית

penso higiénico

שירותים כימיקליים

WC químico

חדר ילדים
quarto de criança

שעון מעורר
despertador
צעצוע חיבוק
peluche
מכונית צעצוע
carro de brincar
רעשן
chocalho
בית בובות
casa de bonecas
מתנה
presente

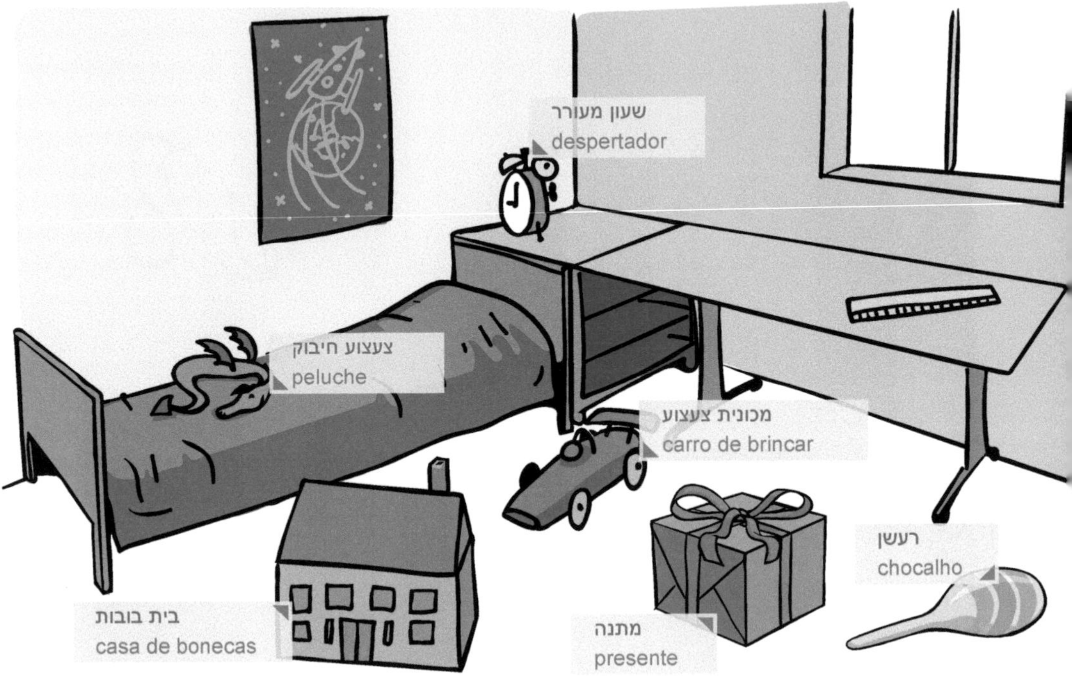

בלון

balão

מיטה

cama

עגלה

carrinho de bebé

משחק קלפים

jogo de cartas

פאזל

quebra-cabeças

קומיקס

banda desenhada

לגו

peças de Lego

קוביות משחק

blocos de construção

דמות משחק

figura de ação

סרבל תינוקות

fato de bebé

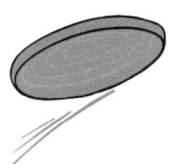

פריזבי

Frisbee

נייד

móbile para bebé

משחק לוח

jogo de tabuleiro

קוביה

dados

רכבת צעצוע

pista de comboio elétrico

מוצץ

chupeta

מסיבה

festa

אלבום תמונות

livro ilustrado

כדור

bola

בובה

boneca

שיחק

jogar

ארגז חול

caixa de areia

נדנדה

baloiço

צעצועים

brinquedos

קונסולת משחקים

consola de jogos

אופניים תלת גלגלי

triciclo

דובון

ursinho de peluche

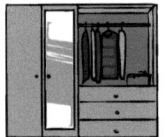

ארון בגדים

guarda-roupa

בגדים
vestuário

גרביים

meias

גרביונים

meias pelo joelho

גרביון

meias-calças

צעיף
cachecol

מטריה
guarda-chuva

חולצת טי
t-shirt

חגורה
cinto

מגפיים
botas

נעלי בית
chinelos

נעלי ספורט
sapatilhas

סנדלים
sandálias

נעליים
sapatos

מגפי גומי
botas de borracha

תחתונים
cuecas

חזייה
sutiã

וסט
camisola interior

גוף

body

מכנסיים

calças

ג'ינס

calças de ganga

חצאית

saia

חולצה מכופתרת

blusa

חולצה

camisa

אפודה

pulôver

סווצ'ר עם קפוצ'ון

camisola com capuz

בלייזר

blazer

ז'קט

casaco

מעיל

manto

מעיל גשם

gabardina

תלבושת

traje

שמלה

vestido

שמלת כלה

vestido de casamento

חליפה

fato

כותונת לילה

camisa de dormir

פיג'מה

pijama

סארי

sari

מטפחת ראש

lenço de cabeça

טורבן

turbante

בורקה

burca

קאפטן

cafetã

עבאיה

abaya

בגד ים

fato de banho

בגד ים

calções de banho

מכנסיים קצרים

calções

בגד אימון

fato de treino

סינר

avental

כפפות

luvas

כפתור

botão

משקפיים

óculos

צמיד יד

pulseira

שרשרת

colar

טבעת

anel

עגיל

brinco

כובע

boné

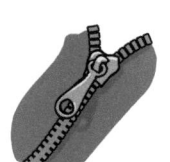

קולב

cabide

כובע

chapéu

עניבה

gravata

רוכסן

fecho de correr

קסדה

capacete

כתפיות

suspensórios

תלבושת בית ספר

uniforme escolar

מדים

uniforme

מפית אוכל

babete

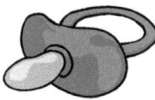

מוצץ

chupeta

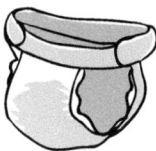

חיתול

fralda

משרד

escritório

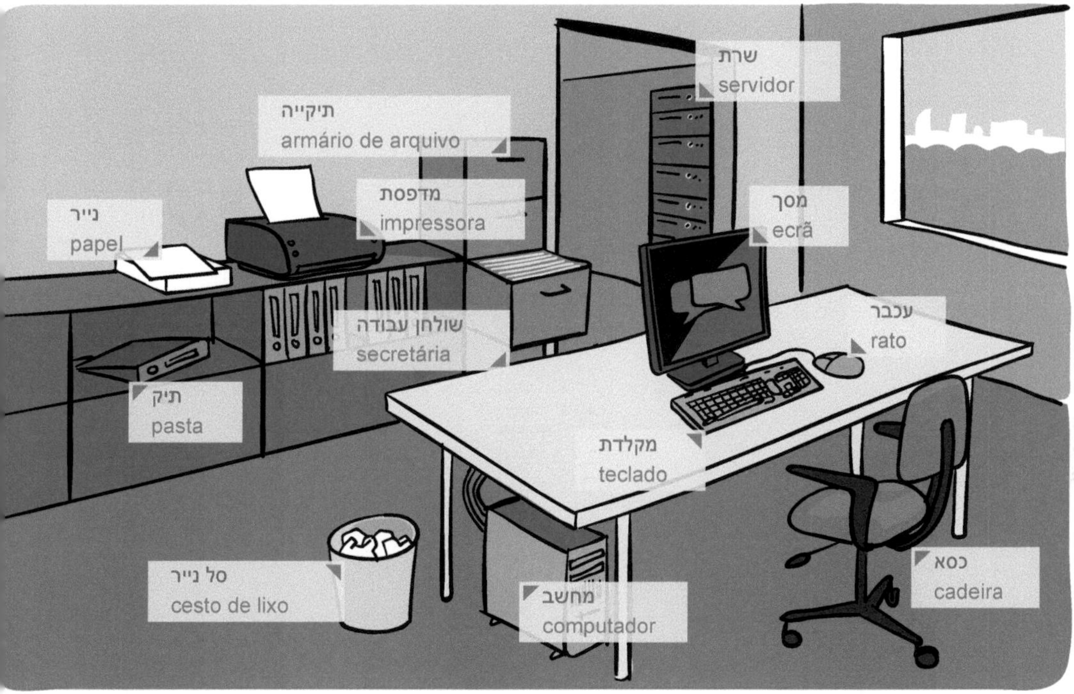

שרת
servidor

תיקייה
armário de arquivo

מדפסת
impressora

מסך
ecrã

נייר
papel

עכבר
rato

שולחן עבודה
secretária

תיק
pasta

מקלדת
teclado

סל נייר
cesto de lixo

מחשב
computador

כסא
cadeira

ספל קפה

caneca de café

מחשבון

calculadora

אינטרנט

internet

מחשב נייד

computador portátil

מכתב

carta

הודעה

mensagem

נייד

telemóvel

רשת

rede

מכונת צילום

fotocopiadora

תוכנה

software

טלפון

telefone

שקע

tomada elétrica

פקס

fax

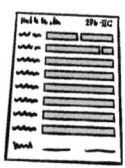

טופס

formulário

מסמך

documento

קנה

comprar

שילם

pagar

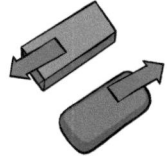

סחר

negociar

כסף

dinheiro

דולר

dólar

יורו

euro

ין

yen

רובל

rublo

פרנק שווייצרי

franco suíço

יואן רנמינבי

renminbi yuan

רופי

rupia

כספומט

caixa de multibanco

המרת מטבע

casa de câmbio

זהב

ouro

כסף

prata

נפט

petróleo

אנרגיה

energia

מחיר

preço

חוזה

contrato

מס

imposto

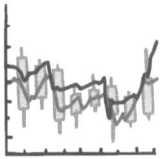

מנייה

ação

עבד

trabalhar

עובד

empregado

מעסיק

entidade patronal

מפעל

fábrica

חנות

loja

מקצועות
profissões

שוטר
agente da polícia
כבאי
bombeiro
טבח
cozinheiro
רופא
médico
טייס
piloto

גנן
jardineiro

נגר
carpinteiro

תופרת
costureira

שופט
juiz

כימאי
químico

שחקן
ator

נהג אוטובוס

motorista de autocarro

נהג מונית

motorista de táxi

דייג

pescador

עובדת נקיון

empregada de limpeza

מתקן גגות

telhador

מלצר

empregado de mesa

צייד

caçador

צייר

pintor

אופה

padeiro

חשמלאי

eletricista

עובד בניין

construtor

מהנדס

engenheiro

קצב

talhante

אינסטלטור

canalizador

דוור

carteiro

חייל

soldado

אדריכל

arquiteto

קופאי

caixa

מוכר פרחים

florista

ספר

cabeleireiro

כרטיסן

controlador de bilhetes

מכונאי

mecânico

קברניט

capitão

רופא שיניים

dentista

מדען

cientista

רב

rabino

אימאם

imã

נזיר

monge

כומר

pastor

כלי עבודה

ferramentas

פטיש
martelo
צבת
alicate
מברג
chave de fendas
מפתח ברגים
chave inglesa
פנס
lanterna

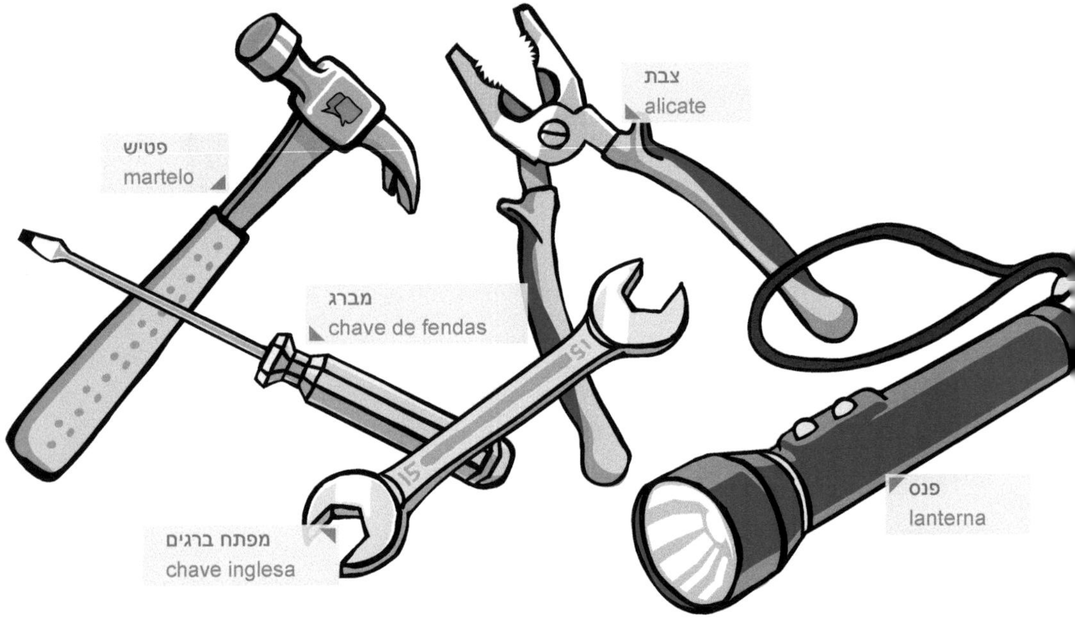

דחפור

escavadora

ארגז כלים

caixa de ferramentas

סולם

escadote

מסור

serra

מסמרים

pregos

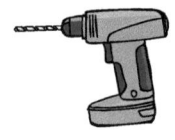

מקדחה

broca

תיקן

reparar

את חפירה

pá

לעזאזל!

porcaria!

יעה

pá de lixo

פח צבע

pote de tinta

ברגים

parafusos

כלי נגינה

instrumentos musicais

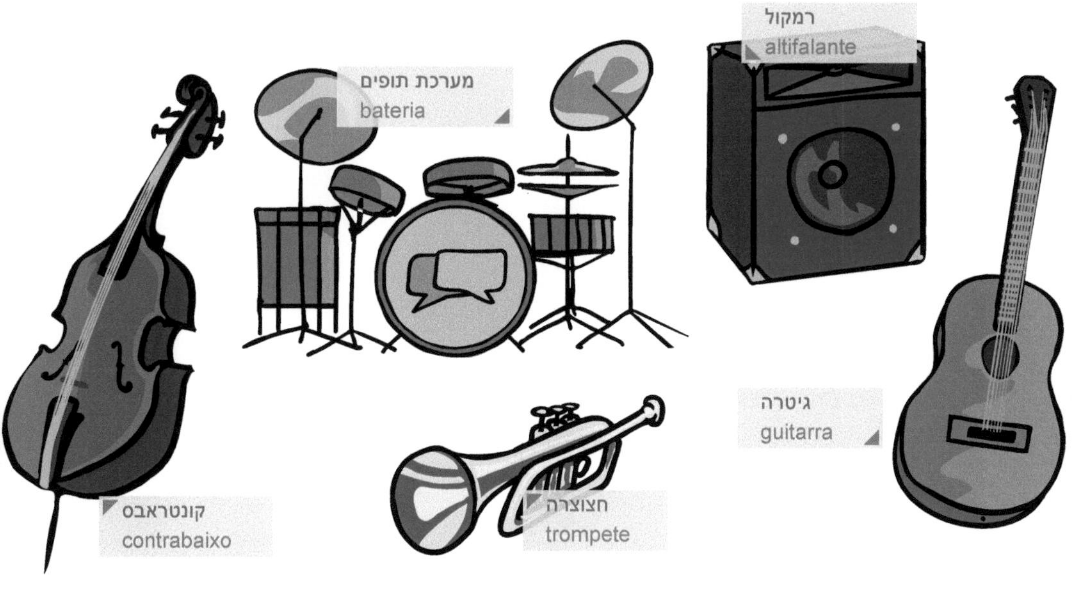

רמקול
altifalante
מערכת תופים
bateria
גיטרה
guitarra
קונטראבס
contrabaixo
חצוצרה
trompete

פסנתר

piano

כינור

violino

בס

baixo

תוף הדוד

timbales

תופים

tambor

מקלדת פסנתר

teclado

סקסופון

saxofone

חליל

flauta

מיקרופון

microfone

גן חיות
jardim zoológico

כניסה
entrada
נמר
tigre
כלוב
gaiola
זברה
zebra
מזון לחיות
ração animal
פנדה
panda

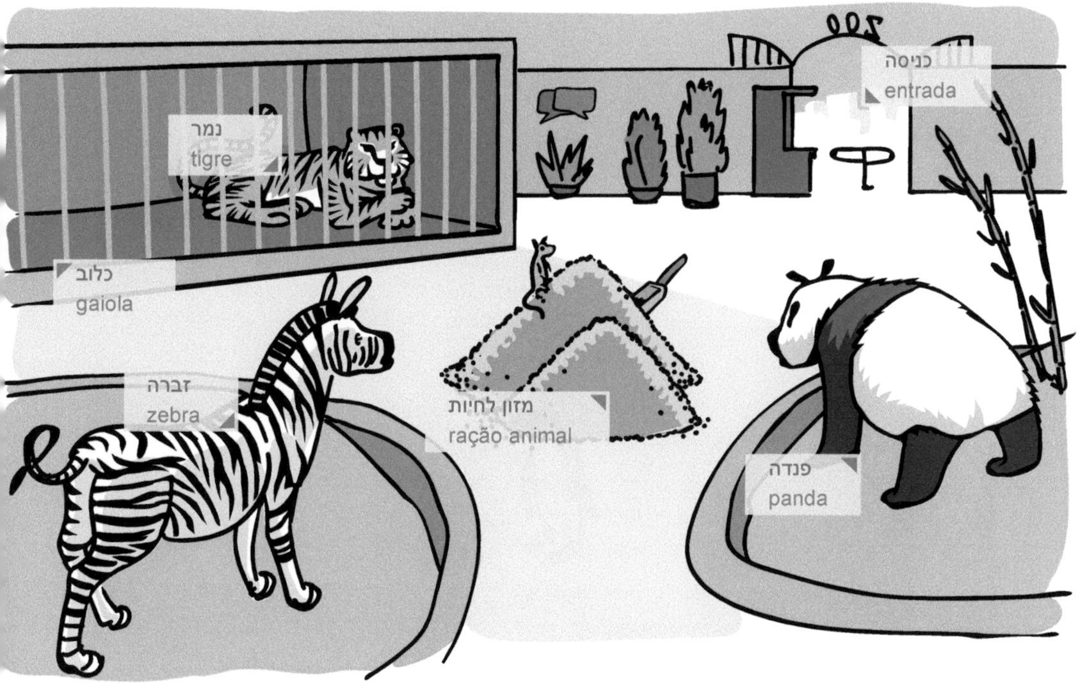

בעלי חיים
....
animais

פיל
....
elefante

קנגרו
....
canguru

קרנף
....
rinoceronte

גורילה
....
gorila

דוב
....
urso

גמל

camelo

יען

avestruz

אריה

leão

קוף

macaco

פלמינגו

flamingo

תוכי

papagaio

דוב הקרח

urso polar

פינגווין

pinguim

כריש

tubarão

טווס

pavão

נחש

cobra

תנין

crocodilo

שומר גן החיות

guarda do jardim zoológico

כלב ים

foca

יגואר

jaguar

סוס פוני

pónei

לאופרד

leopardo

היפופוטאם

hipopótamo

ג'ירפה

girafa

נשר

águia

חזיר בר

javali

דג

peixe

צב

tartaruga

סוס ים

morsa

שועל

raposa

איילה

gazela

ספורט
desporto

פוטבול אמריקאי
futebol americano
רכיבת אופניים
ciclismo
טניס
ténis
כדורסל
basquetebol
שחיה
natação
אגרוף
boxe
הוקי
hóquei no gelo

כדורגל

futebol

בדמינטון

badminton

אתלטיקה

atletismo

כדור-יד

andebol

עשה סקי

esqui

פולו

polo

פעילויות

atividades

צחק
rir
קפץ
saltar
חיבק
abraçar
הלך
andar
שר
cantar
חלם
sonhar
התפלל
rezar
נשק
beijar

כתב
escrever

צייר
desenhar

הראה
mostrar

דחף
empurrar

נתן
dar

לקח
tomar

יש / להיות הבעלים

ter

עשה

fazer

היה

ser

עמד

ficar de pé

רץ

correr

משך

puxar

זרק

remessar

נפל

cair

שכב

deitar

חיכה

esperar

סחב

carregar

ישב

sentar

התלבש

vestir

ישן

dormir

התעורר

acordar

הסתכל ב-

olhar para

בכה

chorar

ליטף

acariciar

סירק

pentear

דיבר

falar

הבין

compreender

שאל

perguntar

שמע

ouvir

שתה

beber

אכל

comer

סידר

arrumar

אהב

amar

בישל

cozinhar

נהג

conduzir

עף

voar

שט

velejar

חישב

calcular

קרא

ler

למד

aprender

עבד

trabalhar

התחתן

casar

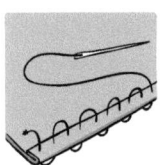

תפר

costurar

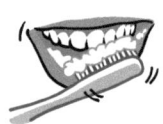

ציחצח שיניים

escovar os dentes

הרג

matar

עישן

fumar

שלח

enviar

סבתא
avó
סבא
avô
אבא
pai
אימא
mãe
תינוק
bebé
בת
filha
בן
filho

אורח
convidado

דודה
tia

דוד
tio

אח
irmão

אחות
irmã

גוף
corpo

מצח
testa
עין
olho
כתף
ombro
אצבע
dedo
פנים
cara
סנטר
queixo
כף יד
mão
רגל
perna
חזה
peito
זרוע
braço

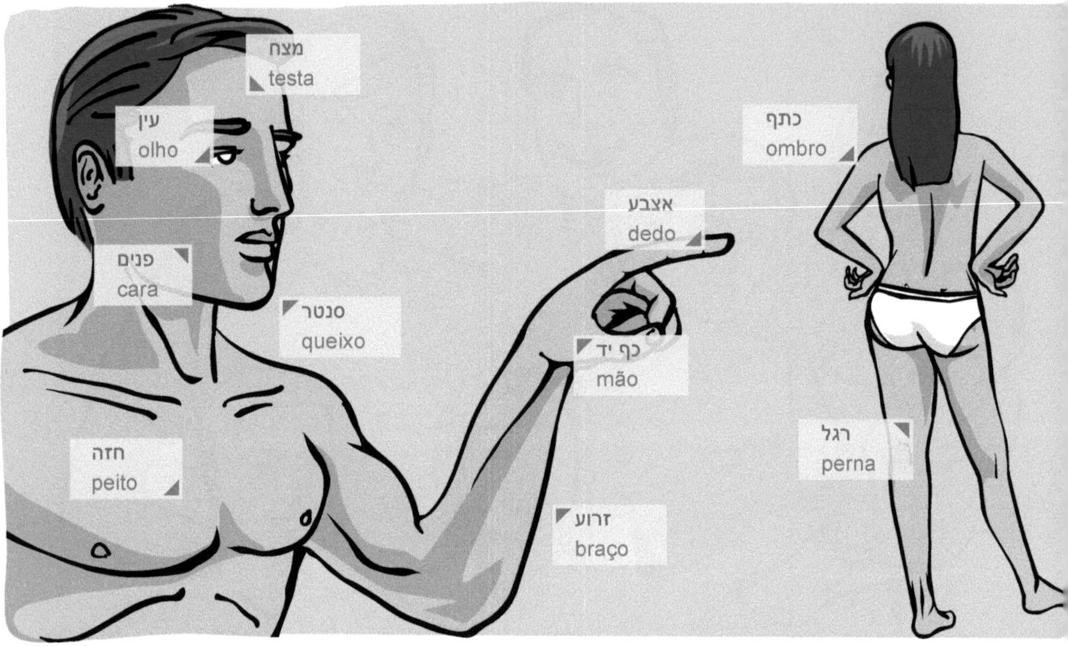

תינוק

bebé

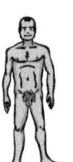

איש

homem

אישה

mulher

ילדה

menina

ילד

menino

ראש

cabeça

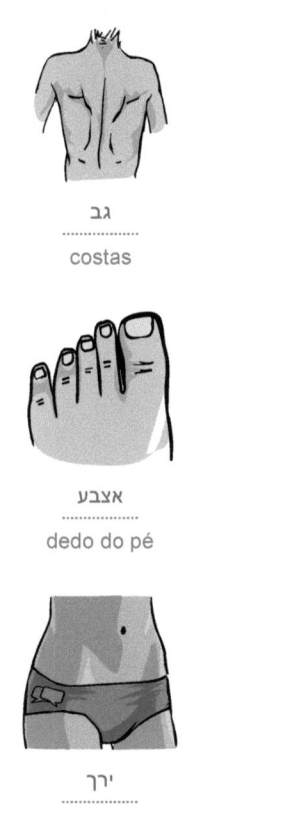

גב

costas

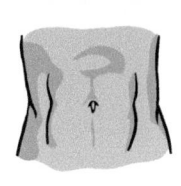

בטן

barriga

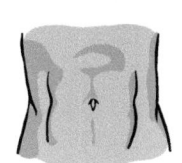

טבור

umbigo

אצבע

dedo do pé

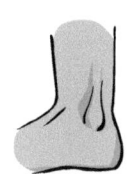

עקב

calcanhar

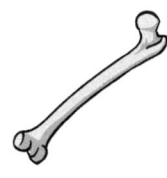

עצם

osso

ירך

anca

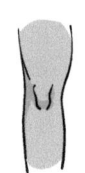

ברך

joelho

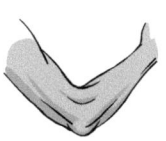

מרפק

cotovelo

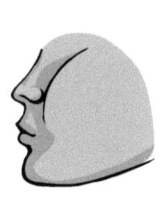

אף

nariz

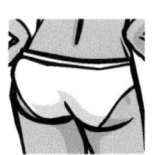

עכוז

nádegas

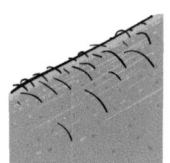

עור

pele

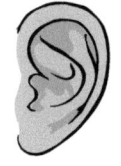

לחי

bochecha

אוזן

orelha

שפתיים

lábio

פה

boca

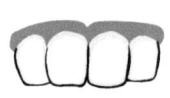

שן

dente

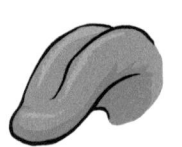

לשון

língua

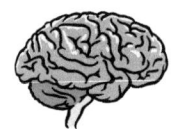

מוח

cérebro

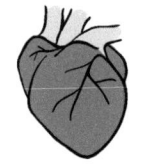

לב

coração

שריר

músculo

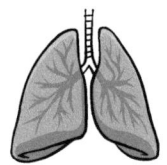

ריאה

pulmão

כבד

fígado

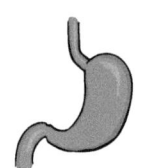

קיבה

estômago

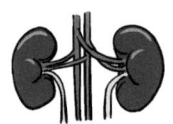

כליות

rins

מין

relações sexuais

קונדום

preservativo

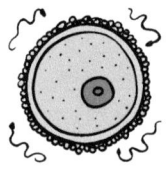

ביצית

óvulo

זרע

esperma

הריון

gravidez

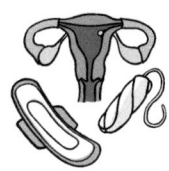

וסת

....

menstruação

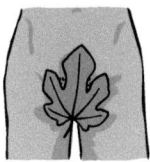

נרתיק

....

vagina

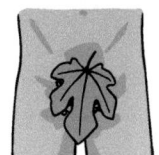

פין

....

pénis

גבה

....

sobrancelha

שיער

....

cabelo

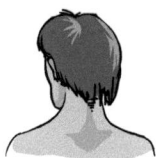

צוואר

....

pescoço

בית חולים
hospital

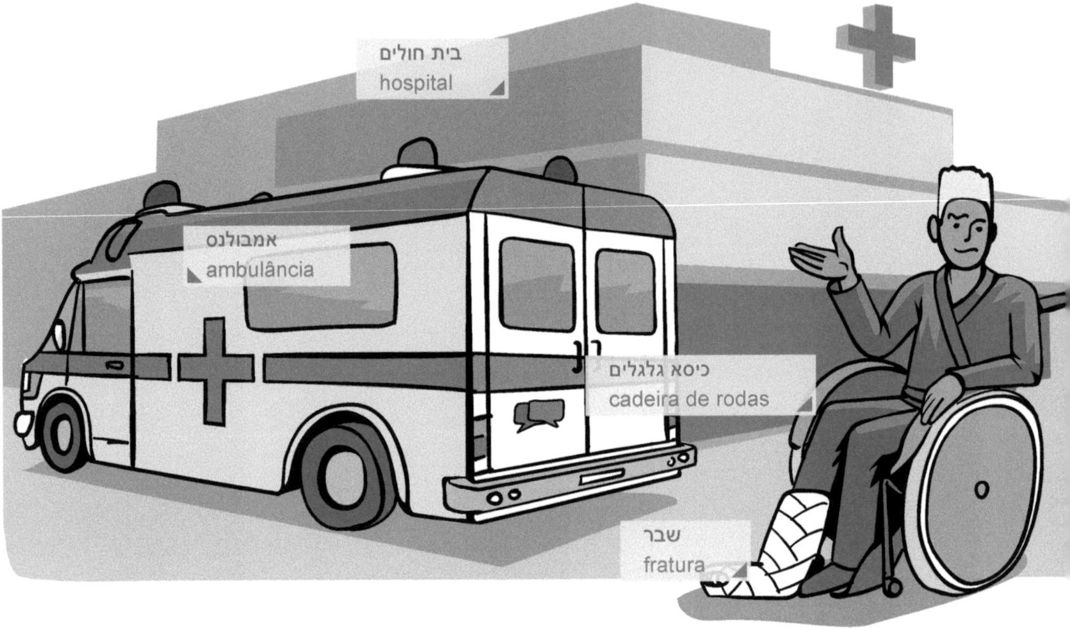

בית חולים
hospital
אמבולנס
ambulância
כיסא גלגלים
cadeira de rodas
שבר
fratura

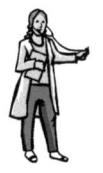

רופא

médico

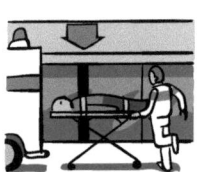

חדר מיון

serviço de urgências

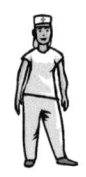

אחות

enfermeira

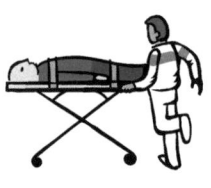

חירום

emergência

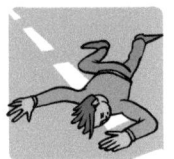

חסר הכרה

inconsciente

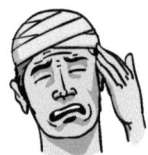

כאב

dor

פציעה

ferimento

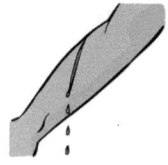

דימום

hemorragia

התקף לב

ataque cardíaco

שבץ

acidente vascular cerebral

אלרגיה

alergia

שיעול

tosse

חום

febre

שפעת

gripe

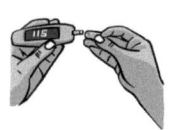

שלשול

diarreia

כאב ראש

dor de cabeça

סרטן

cancro

סוכרת

diabetes

מנתח

cirurgião

אזמל

bisturi

ניתוח

operação

סי-טי

CT

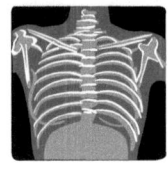

רנטגן

raio x

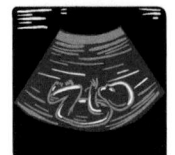

אולטרסאונד

ultrassom

מסיכת פנים

máscara

מחלה

doença

חדר המתנה

sala de espera

קבה

muleta

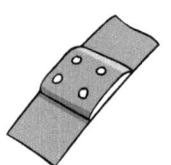

פלסטר

penso rápido

תחבושת

ligadura

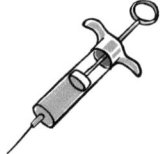

זריקה

injeção

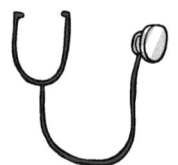

סטטוסקופ

estetoscópio

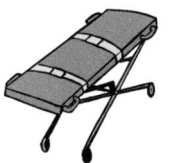

אלונקה

maca

מד חום

termómetro

לידה

nascimento

עודף משקל

excesso de peso

מכשיר שמיעה

aparelho auditivo

מחטא

desinfetante

זיהום

infeção

נגיף

vírus

איידס

HIV / SIDA

תרופה

medicamento

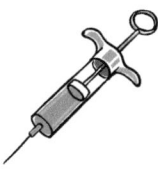

חיסון

vacinação

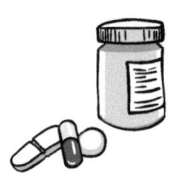

טבליות

comprimidos

גלולה

pílula

קריאת חירום

chamada de emergência

מד לחץ דם

dispositivo de medição de pressão arterial

חולה / בריא

doente / saudável

חירום
emergência

הצילו!

Socorro!

אזעקה

alarme

פשיטה

assalto

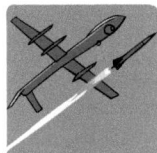

תקיפה

ataque

סכנה

perigo

יציאת חירום

saída de emergência

אש!

Fogo!

מטף כיבוי

extintor de incêndios

תאונה

acidente

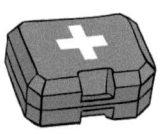

ערכת עזרה ראשונה

estojo de primeiros socorros

הצילו!

SOS

משטרה

polícia

כדור הארץ

terra

אירופה

....

Europa

צפון אמריקה

....

América do Norte

דרום אמריקה

....

América do Sul

אפריקה

....

África

אסיה

....

Ásia

אוסטרליה

....

Austrália

האוקיינוס האטלנטי

....

Atlântico

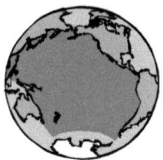

האוקיינוס השקט

....

Pacífico

האוקיינוס ההודי

....

Oceano Índico

האוקיינוס האנטרקטי

....

Oceano Antártico

האוקיינוס הארקטי

....

Oceano Ártico

הקוטב הצפוני

....

Polo Norte

הקוטב הדרומי

Polo Sul

אנטארקטיקה

Antártica

כדור הארץ

terra

אדמה

país

ים

mar

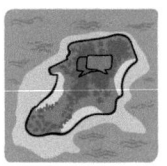

אי

ilha

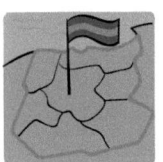

לאום

nação

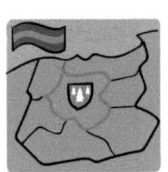

מדינה

estado

שעון
relógio

פני השעון

mostrador do relógio

מחוג השעות

ponteiro das horas

מחוג הדקות

ponteiro dos minutos

מחוג השניות

ponteiro dos segundos

?מה השעה

Que horas são?

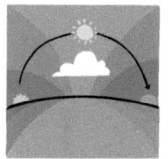

יום

dia

זמן

tempo

עכשיו

agora

שעון דיגיטלי

relógio digital

דקה

minuto

שעה

hora

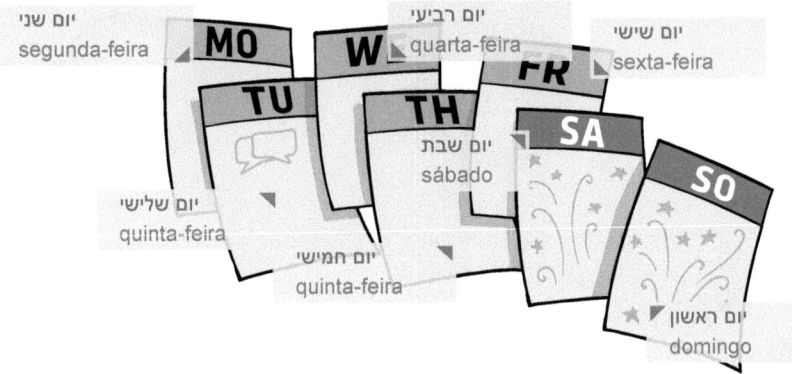

שבוע

semana

MO
TU
W
TH
FR
SA
SO
יום שני
segunda-feira
יום רביעי
quarta-feira
יום שישי
sexta-feira
יום שבת
sábado
יום שלישי
quinta-feira
יום חמישי
quinta-feira
יום ראשון
domingo

אתמול

ontem

היום

hoje

מחר

amanhã

בוקר

manhã

צהריים

meio-dia

ערב

entardecer

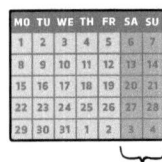

ימי עבודה

dias úteis

סוף שבוע

fim de semana

גשם
chuva

קשת בענן
arco-íris

רוח
vento

שלג
neve

אביב
primavera

סתיו
outono

קיץ
verão

חורף
inverno

4.APRIL	11°	☀
5.APRIL	4°	🌧
6.APRIL	13°	⛅
7.APRIL	8°	❄
8.APRIL	10°	☀

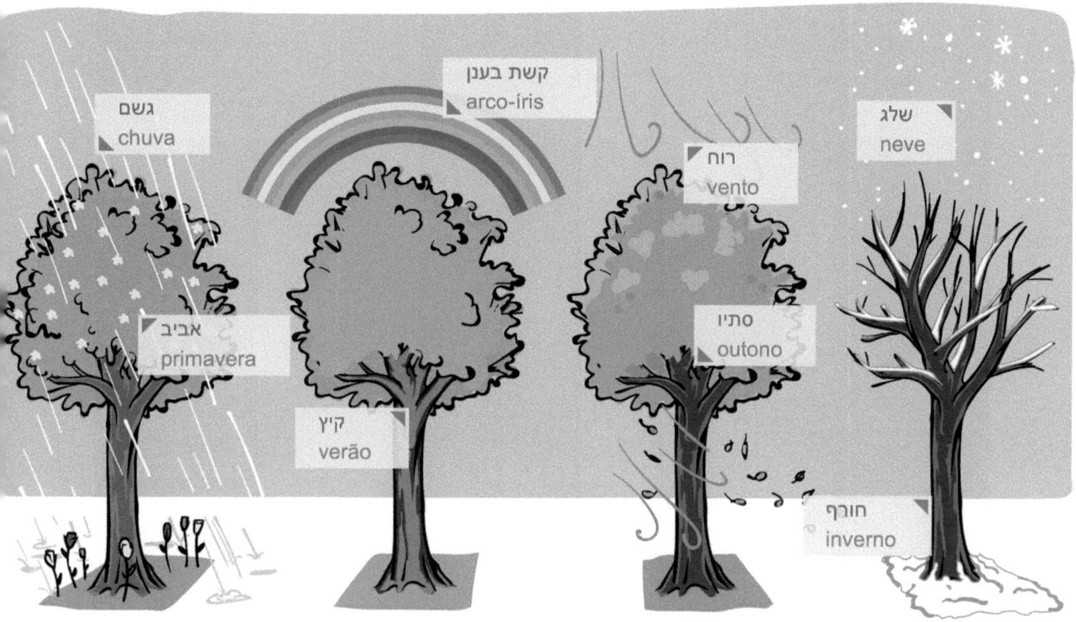

תחזית מזג האוויר
previsão do tempo

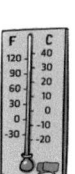

מד חום
termómetro

אור שמש
raios de sol

ענן
nuvem

ערפל
neblina / nevoeiro

לחות
humidade do ar

ברק

relâmpago

רעם

trovão

סערה

tempestade

ברד

granizo

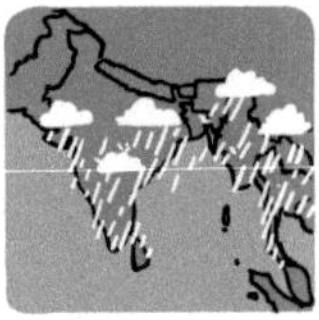

רוח עונתי

monção

שיטפון

inundação

קרח

gelo

ינואר

janeiro

פברואר

fevereiro

מרץ

março

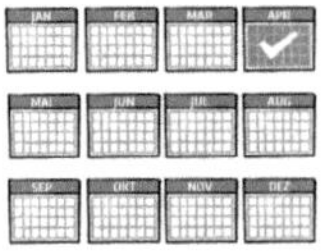

אפריל

abril

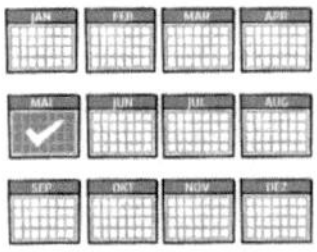

מאי

maio

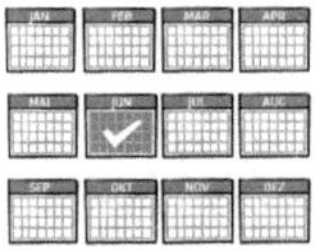

יוני

junho

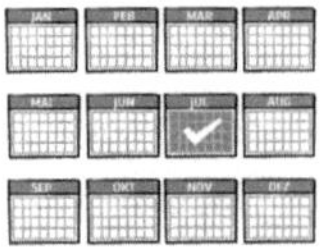

יולי

julho

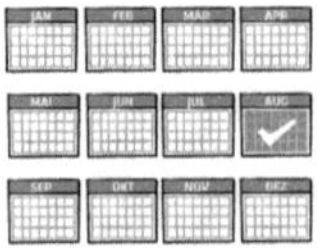

אוגוסט

agosto

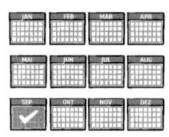

ספטמבר
....
setembro

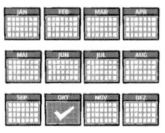

אוקטובר
....
outubro

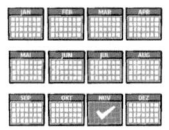

נובמבר
....
novembro

דצמבר
....
dezembro

צורות
formas

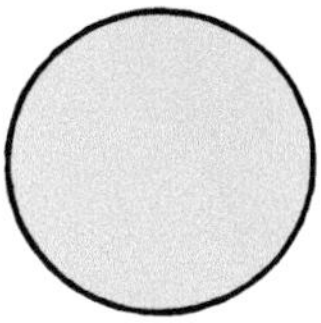

עיגול
....
círculo

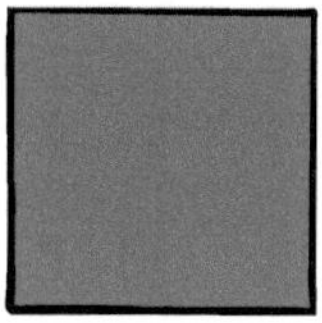

מרובע
....
quadrado

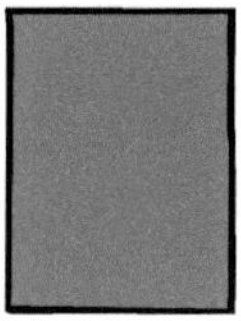

מלבן
....
retângulo

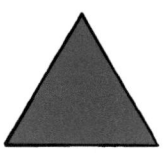

משולש
....
triângulo

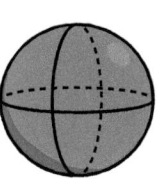

כדור
....
esfera

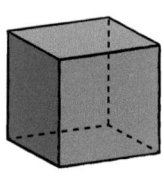

קובייה
....
cubo

צבעים

cores

לבן
....
branco

צהוב
....
amarelo

כתום
....
laranja

ורוד
....
rosa

אדום
....
vermelho

סגול
....
lilás

כחול
....
azul

ירוק
....
verde

חום
....
castanho

אפור
....
cinzento

שחור
....
preto

הפכים

opostos

הרבה / מעט

muito / pouco

כועס / רגוע

furioso / calmo

יפה / מכוער

lindo / feio

התחלה / סוף

princípio / fim

גדול / קטן

grande / pequeno

בהיר / כהה

claro / escuro

אח / אחות

irmão / irmã

נקי / מלוכלך

limpo / sujo

שלם / חלקי

completo / incompleto

יום /לילה

dia / noite

מת / חי

morto / vivo

רחב / צר

largo / estreito

אכיל / לא אכיל

comestível / não comestível

רשע / טוב לב

mau / gentil

מתרגש / משועמם

entusiasmado / entediado

שמן / רזה

gordo / magro

ראשון / אחרון

primeiro / último

חבר / אויב

amigo / inimigo

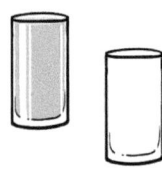

מלא / ריק

cheio / vazio

קשה / רך

duro / macio

כבד / קל

pesado / leve

רעב / צמא

fome / sede

חולה / בריא

doente / saudável

בלתי-חוקי / חוקי

ilegal / legal

נבון / טיפש

inteligente / burro

שמאל / ימין

esquerda / direita

קרוב / רחוק

perto / longe

חדש / משומש

novo / usado

כלום / משהו

nada / algo

זקן / צעיר

velho / jovem

פעיל / כבוי

ligado / desligado

פתוח / סגור

aberto / fechado

שקט / רועש

baixo / alto

עשיר / עני

rico / pobre

נכון / שגוי

certo / errado

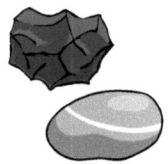

מחוספס / חלק

áspero / liso

עצוב / שמח

triste / feliz

קצר / ארוך

curto / longo

איטי / מהיר

lento / rápido

רטוב / יבש

molhado / seco

חם / קר

ameno / fresco

מלחמה / שלום

guerra / paz

מספרים

números

0

אפס

zero

1

אחת

um

2

שתיים

dois

3

שלוש

três

4

ארבע

quatro

5

חמש

cinco

6

שש

seis

7

שבע

sete

8

שמונה

oito

9

תשע

nove

10

עשר

dez

11

אחת-עשרה

onze

12

שתים-עשרה

doze

13

שלוש-עשרה

treze

14

ארבע-עשרה

catorze

15

חמש-עשרה

quinze

16

שש-עשרה

dezasseis

17

שבע-עשרה

dezassete

18

שמונה-עשרה

dezoito

19

תשע-עשרה

dezanove

20

עשרים

vinte

100

מאה

cem

1.000

אלף

mil

1.000.000

מיליון

milhão

שפות
idiomas

אנגלית

....

inglês

אנגלית אמריקאית

....

inglês americano

סינית מנדרינית

....

chinês mandarim

הודית

....

hindi

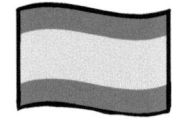

ספרדית

....

espanhol

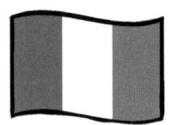

צרפתית

....

francês

ערבית

....

árabe

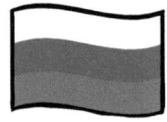

רוסית

....

russo

פורטוגזית

....

português

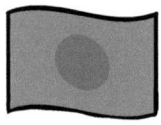

בנגלית

....

bengalês

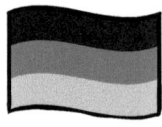

גרמנית

....

alemão

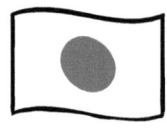

יפנית

....

japonês

מי / מה / איך
quem / o quê / como

אני

eu

אתה / את

tu

הוא / היא / זה

ele / ela

אנחנו

nós

אתם

vós

הם

eles / elas

מי?

quem?

מה?

o quê?

איך?

como?

איפה?

onde?

מתי?

quando?

שם

nome

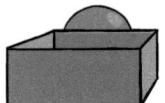

איפה

onde

מאחור

atrás

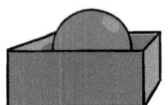

בתוך

em

לפני

à frente de

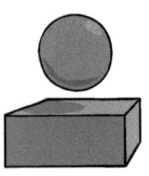

מעל

sobre

על

em cima

מתחת

debaixo

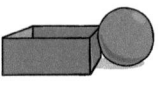

ליד

ao lado

בין

entre

מקום

lugar